Jochen Petersdorf

Eine Funzel hat noch Licht

Eulenspiegel

Inhalt

Vorbemerkung

Jochen Petersdorf, zu Hause auf vielen Gebieten des Humors und der Satire, bezeichnete sich selbst gern als Gaukler. Wer ihm in die verschmitzten Augen blickte, dem war klar, dass er es mit einem Erzschelm zu tun hatte. In bester Eulenspiegelmanier hielt Petersdorf denen den Spiegel vor, die sich bombastisch wichtig nahmen, die Wasser predigten und Wein soffen oder vorgaben, ihr Name sei Hase und von klaffenden Lücken zwischen Anspruch und Realität wüssten sie nichts.

Dieser Schelm also lachte das erste Mal am 10. Dezember 1934 im schlesischen Liegnitz, wo seine Wiege stand. In den fünfziger Jahren schrieb er sich als Student der Journalistik an der Leipziger Universität ein und parzellierte seine Zeit – in welchem Verhältnis, ist unbekannt – zwischen Hörsaalbesuch, Kneipengeselligkeit und Auftritten im Studentenkabarett »Rat der Spötter«. Auch den Brotberuf wusste er mit seinen Neigungen zu verbinden: 1960 heuerte er beim Magazin »Eulenspiegel« an, wo er der im Sinne der Zeit als klassenkämpferisch und »positiv« definierten Satire eine Prise Nonsens und Blödelei beimischte, mit seinen Lilomaus-Gedichten dem Bild von »unseren werktätigen Frauen« einen Hauch frivoler Erotik hinzufügte und außerdem die »Funzel«, das »Abendblatt für trübe Stunden«, erfand. Nebenher betätigte er sich als künstlerischer Leiter des Berliner Studentenkabaretts »Spottland Yard«, wurde dann Stammautor der »Distel«, war gerngesehener Gast in Fernsehshows wie »Berlin-Original« oder der legendären Weihnachtssendung »Zwischen Frühstück und Gänsebraten«, versorgte Kabarettisten, darunter »Die drei Dialektiker«, mit Sketchen und Moderationstexten, und wenn der Schlager eine heitere Note brauchte, schrieb er hitverdächtige Zeilen wie »Mit uns könnses ja machen« oder »Die Fans sind eine Macht«.

Anfang der achtziger Jahre gab Petersdorf seinen Redakteursjob auf, um sich nun gänzlich dem zu widmen, was er auch vorher schon leidenschaftlich gern getan hatte: Er tourte landauf landab und trat mit seinen Geschichten und Gedichten auf »Palast«-Bühnen wie in Dresden oder Berlin und den zahlreichen Kleinkunstbühnen zwischen Kap Arkona und Fichtelberg auf – vor vollen Häusern und einem Publikum, das zwischen den Zeilen zu lesen und zu hören verstand. Dieser Tatsache verdankt sich gewiss ein Satz aus dem Nachruf einer großen Tageszeitung, die anlässlich seines Todes am 18. März 2008 schrieb: »Jochen Petersdorf war einer der wichtigsten Satiriker des realsozialistischen Alltags.« Bleibt hinzuzufügen, dass diesem Schelm auch in den gewendeten Zeiten weder der Stoff aus- noch das Lachen verging.

Na Hund!

Ich gehe gern zu Volksfesten. Ob es sich um das Treffen der Heimatchöre auf der Schlupfenburg handelt, um den Heiratsmarkt in Röhnhausen oder den Pferdemarkt in Havelbusch – ich fahre hin, mische mich unter die Leute und bade meine Seele in den Wellen der Begeisterung der fröhlichen Menge, die bei solchen Anlässen zusammenströmt.

Neulich besuchte ich eine Hundeschau. Rassehunde – natürlich. Aber gemischt. Vom Rehpinscher bis zum Bernhardiner war alles vertreten, was nicht nur an Laternenpfähle pinkelt, sondern einen echten Stammbaum hat. Ich bin wirklich ein großer Hundefreund. Deshalb gehe ich ja auch hin.

Aber ich muss ehrlich sagen: Gleiches Vergnügen bereiten mir die an ihren vierbeinigen Lieblingen hängenden Herrchen und Frauchen. Sie allein sind schon fast das Eintrittsgeld wert.

Apropos Eintritt. An der Kasse saßen zwei Männer in mittlerem Alter. Der eine hatte eine Neufundländerfigur, und der andere glich einem Seehund. Übrigens der einzige Seehund auf dieser Ausstellung. Wahrscheinlich ist die Zucht und Pflege in Großstädten nicht ganz einfach.

Nett waren beide Kassierer. Sie klopften einen nicht wie beim Fußballspiel nach verstecktem Alkohol ab. Ich bekam auch eine Plakette zum Anstecken. Auf der Plakette war der Kopf eines Schäferhundes. Das war im vergangenen Jahr genauso. Obwohl es im vergangenen

Jahr eine Spezial-Dackelschau gab. Aber der Schäferhund gilt wohl bei vielen immer noch als eine Art König unter den Hunden. Was mich wundert. Denn mein Nachbar hat auch einen Schäferhund. Der versteckt sich unterm Tisch, wenn in einem Fernsehschwank ein Trunkenbold behauptet, er hätte einen mächtigen Kater. Doch es gibt gewiss auch tapfere Schäferhunde. Manche sind ja sogar beim Betriebsschutz. Und da ist es gar nicht so einfach, nachts ein paar Bretter zu klauen. Vor allem, wenn einen der Hund nicht kennt. Doch zurück zur Schau.

Ich betrat also das Gelände und war überrascht, wie viele Hunde hier versammelt waren. Mein mich begleitender Freund, der dürre Carl, sagte: »Di komm ni bloß aus Berlin. Ooch aus Sachsen und Düringen.« Als ich aufs Bellen achtete, merkte ich, dass er recht hatte. Überall waren auf dem Rasen mit Stricken große Quadrate abgesteckt, Boxringen ähnlich. Sie hießen aber Führringe. In den Führringen rannten schwitzende Männer und Frauen im Kreis herum und zogen mürrische Vierbeiner hinter sich her, die von mehreren sogenannten Preisrichtern ziemlich scharf beäugt wurden. Ich fand, dass

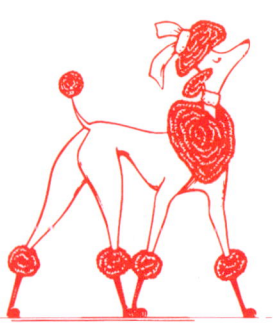

ein bestimmtes Frauchen eine wesentlich bessere Figur machte als ihr Hund. Trotzdem wurde sie von dem Chefrichter Position für Position nach hinten rangiert und landete schließlich auf dem letzten Platz. Das Geläuf des Rüden sei nicht in Ordnung, so hieß es, er habe noch Wolfskrallen, die Rute sei zu kurz, und er könne im Ganzen auch etwas trockener sein.

Ich fand das albern und uncharmant. Laut rief ich: »Bei so einer Frau ist es doch piepegal, wie der Köter aussieht!«

Es gab ein großes, allgemeines Gelächter. Mein Freund Carl sagte leise: »Mach keen Quatsch! Das is 'ne Hundeschau und keene Miss-Wahl!«

Wir gingen weiter. Wo man hinsah, Hunde. Die meisten Rassen kenne ich ja. Erdölterrier, Tibetanischer Schluchtenjodler, Peking-Ballasthund – und wie sie alle heißen. Aber es gab auch Viecher darunter, denen möchte man nicht im Dunkeln begegnen. Zum Beispiel diesem schottischen oder irischen Hirten- oder Wolfshund. So genau weiß ich das nicht mehr. Auf jeden Fall, das ist ein Tier – also dagegen ist der legendäre Hund von Baskerville eine harmlose Küchenschabe. Den Besitzer des Untiers hätte ich auch nicht gerade küssen wollen.

Ich musste überhaupt staunen, wie viele Herrchen und Frauchen ihren Schützlingen ähnelten. Oder umgekehrt. Eine rundköpfige und breitbrüstige Matrone sah fast so aus wie ihr Chow-Chow. Sie trug auch eine aus ausgekämmten Hundehaaren gestrickte Weste. Ich schaute die Dame sehr lange sehr aufdringlich an und hoffte, dass sie mir vielleicht wütend die Zunge rausstreckt. Sie tat es nicht. Schade. Aber ich wette, die ist blau.

Am besten gefielen mir auf der ganzen Schau diese völlig zugewachsenen Hunde, bei denen, so glaube ich, nicht mal der Besitzer weiß, wo vorn oder hinten ist.

Ich bin überzeugt, oft bekommt so ein Tier das Halsband an der falschen Stelle umgeschnallt. Und dann muss es während des ganzen Gassi-Gehens rückwärts laufen. Daher wohl auch der Ausdruck: armer Hund.

Ein seltener Vogel

Meine Frau arbeitet manchmal zu Hause.

Geistig. Was sonst!

Für etwas Handfestes, Praktisches braucht man einen Betrieb oder wenigstens eine kleine Werkstatt.

Geistiges geht auch in Heimarbeit, sagen die Geistigen. Man hat auch mehr Ruhe zu Hause.

Sagen sie.

Bei uns ist Krach. Wir wohnen im Grünen. Direkt am Stadtrand.

Hier macht die Straßenbahn kehrt.

Widerwillig.

Sonst würde sie nicht so herzzerreißend wimmern.

Der Linienbus darf noch weiter hinaus. Durch den Wald. Schöne Gegend dort. Deshalb jault er auch immer vor Freude, wenn er sich von unserer Kreuzung aus in die Natur stürzt, der Bus.

Was man von den Pehkawehs nicht sagen kann.

Pkw heißt Personenkraftwagen. Diese sture Bezeichnung gönne ich den dämlichen Vehikeln.

Ich habe auch eins. Man muss sich wehren. Meins hört man aber kaum. Vor allem, wenn man drinsitzt. Und wenn es nachts im Hof steht, gibt es nicht den kleinsten Mucks von sich.

Der ABV verhält sich ebenso. Er klemmt den Strafzettel hinter den Scheibenwischer und geht davon. Kein lautes Wort gegen das Auto.

Meine Frau arbeitet manchmal zu Hause. – Wie gesagt.
Am schlimmsten arbeitet sie nachts.

Geistig. – Wie gesagt.

Je dunkler die Nacht, desto klarer sieht sie. Meint sie.

Sie raucht auch dabei. Deshalb ist das Fenster immer
halb offen. Sie sitzt nicht gern im Qualm. Allerdings auch
nicht gern im Lärm. Aber wenn sie das Fenster schließt,
sitzt sie im Qualm.

Im Park auf der anderen Straßenseite blühen zurzeit
der Weißdorn und dies und das. Man riecht es auch. Und
nachts schlägt eine Nachtigall. Sagt meine Frau.

Ich sage: »Das ist Quatsch! Hier draußen gibt es keine
Nachtigall!« Ja, wenn wir noch im Stadtzentrum wohn-
ten, würde ich's glauben. Meine Frau ist überzeugt, in den
überlaufenen und überfahrenen Ausflugsgebieten halten
sich noch gefiederte Freunde auf.

Ich eile also neulich im Schlafanzug ans offene Fenster, als meine Frau wieder glaubt, die Nachtigall zu ver-
nehmen. Im Fernsehen lief gerade das Jazz-Festival aus
Dresden. Meine Frau sagte: »Gejazzt wird oft. Nachtigall
ist seltener.«

Ich besitze ein altes Opernglas. Das habe ich vor vielen
Jahren mal in der S-Bahn gefunden und nicht abgegeben.

Weil ich damals noch was gegen Opern hatte.

Ich holte das Gerät und spähte in die Nacht.

»Nachtigallen muss man hören«, sagte meine Frau.
»Aufs Sehen kommt's überhaupt nicht an! – Jetzt!
Jetzt! Hörst du sie?«

»Es ist die Straßenbahn!«

Sie wurde wütend – die Straßenbahn.

Meine Frau auch.

»Du musst über das Quietschen hinweghören! Dort hinten im Fliederbusch, da singt die Nachtigall!«

Ich nahm das Glas. »Im Fliederbusch steht der Straßenbahnfahrer. Es kann aber auch ein Soldat sein!«

»Das ist kulturlos«, meinte meine Frau. »Die Toilette steht daneben.«

»Dort traut sich der tapferste Soldat nicht rein. Ich weiß es.«

»Nun ist es genug! So ein mieses Thema, wenn die Nachtigall singt!«

»Ich höre sie aber nicht! – Der LKW bringt Bier zur Kaufhalle. Theater und Kino sind längst aus. Wo kommen die bloß alle mit ihren Autos her?«

»Vielleicht von der Spätschicht.«

»Glaub ich nicht. Wer müde ist, drückt nicht mehr so auf die Tube.«

»Jetzt! Jetzt hört man sie ganz deutlich! Dühp-dülüdi-düppdüpp-dühb!«

Meine Frau warf den Kopf in den Nacken und flötete in die Nacht hinein.

Ich ging in die Küche und nahm einen Daumenbreit Korn.

Fast hundertmal habe ich erlebt, wie der bekannte Schriftsteller John Stave öffentlich Vogelstimmen imitierte. Ich hatte da jedes Mal so meine Zweifel. Aber nun wusste ich: Im Vergleich mit meiner Frau war er doch die bessere Nachtigall.

»Wo bleibst du denn?«, tönte es aus der Stube. »Jetzt jubiliert sie silberhell!«

Mir schien, der Jubelgesang kam mehr aus dem Nebenhaus. Silberhochzeit.

Die Silberbraut sang im Duett mit Costa Cordalis und mit Tränen in der Kehle.

Kein Wunder. Ich kenne den Silberbräutigam. Und ich glaube nicht, dass er vor fünfundzwanzig Jahren besser aussah. Sie hätte ihn ja nicht nehmen müssen – so, wie sie noch heute aussieht. Aber ich gönne ihr die Trauer. Ich werde ihr auch nie mehr in der Kaufhalle die Tür aufhalten, wenn sie mit zwei Beuteln voll Bierflaschen angebuckelt kommt. Denn ich glaube, sie hat sogar in dieser Situation nur Costa vor Augen. Mich nicht. Doofes Weib. Außerdem hat sie seinerzeit mal …

»Das kommt von deinem fuseligen Korn!«, rief meine Frau. »Da schläfst du sogar am offenen Fenster!«

»Ich schlafe nicht, ich lausche der Nachtigall.«

»Aber du hörst sie doch gar nicht!«

»Ist das wichtig?«, fragte ich leise.

Und sagte weiter: »Hauptsache, du hörst sie. Wenn du sie hörst, mein Liebling, dann genügt es doch. Deine Freude ist auch meine Freude. So muss es sein.«

Die Gaststätte nebenan warf die letzten Zecher in die Nacht.

Stille Zecher waren es nicht.

Sie sangen: »Alle Vögel sind schon da.«

»Nur die Nachtigall nicht!«, brüllte ich hinunter.

Da lachten sie sich scheckig, und einer rief hinaus: »Opa, geh schlafen! Morgen musste frisch sein, da is Disko!«

Der Rufer war ein ziemlich kleiner Dicker. Sie nannten ihn Ejon. –

Aus einem Fenster rief eine Frau: »Egon, komm sofort ins Bett!«

Da lachte der Männerchor, und einer krähte: »Nachtigall, ick hör dir trapsen!«

Meine Frau sagte: »Siehste! Sogar die Suffköppe hören die Nachtigall. Nur du nicht!«

Sie ging ins Bett.

Ich nahm noch ein Quäntchen Korn. Und noch eins.

Dann sang ich La Paloma. Mit mehr Gefühl als jede dämliche Nachtigall.

Die Glocken vom Campanile

Es ist seltsam. Wenn ich manchmal abends so gegen 22 Uhr Hammelgulasch und Thüringer Klöße esse, dann habe ich in der Nacht oft die komischsten Träume.

Meistens träume ich, ich kann fliegen. Daran merkt man schon, dass es keine sehr durchdachten Träume sind. Es wäre doch viel logischer, ich würde im Traum als Amphibienmensch auf dem Meeresgrund hocken. Denn ich kann mir vorstellen, dass es einem vollem Bauch viel leichter fällt unterzugehen, als sich in die Luft zu erheben. Außerdem ärgert es mich, dass ich noch nie ein Amphibienmensch war. Ich stelle mir das nämlich mächtig amüsant vor.

Ich hocke mit meinem Kloßbauch auf einem vornehmen Korallenriff, von glutäugigen Nixen umschwänzelt und von Vater Neptun persönlich mit köstlichen Verdauungsschnäpsen bewirtet. Nach dem dritten Schluck würde ich ein kräftiges Bäuerchen machen, an der Wasseroberfläche entstünde ein gewaltiges Blubbern und

Brodeln, und eine bestimmte Sensationspresse könnte melden: »Chinesisches U-Boot vor Warnemünde bespitzelt sich selbst.«

Aber, wie gesagt, ich träume immer nur vom Fliegen.

Ich bin dabei kein Ikarus mit Wachsflügeln und anderen technischen Hilfsmitteln. Ich brauche bloß die Arme auszubreiten, mir einen kleinen inneren Ruck zu geben, und schon segle ich los. Über Städte und Dörfer, über die Bäume im Wald und das Gras auf der Wiese und das Korn auf dem Feld, kurz gesagt: über unsre schöne Heimat. Ich habe bislang nur Inlandflüge gemacht. Natürlich würde mich auch mal ein Abstecher nach Tokio oder Las Vegas reizen. Aber für solch weite Strecken müsste ich mich ja mächtig volltanken – und da gäbe es sicherlich Probleme mit der Leber, mit dem Zoll und anderen empfindlichen Organen.

Eines fällt mir auf: Bei meinen Traumflügen starte ich immer von einem hohen Berg oder zumindest von einem mittleren Hang. Ich gleite ins Tal hinab, und von dort tragen mich dann günstige Thermen wieder hinauf und zerstreuen mich in alle Winde. Mal bildlich gesprochen. Denn ich bleibe natürlich als Flugkörper fest zusammengefügt, verhalte mich aerodynamisch recht klug und verfüge sogar über eine sehr schnittige, windschlüpfrige Linienführung.

Meine Frau bestreitet das zwar. Aber ich nehme es ihr nicht übel.

Denn sie ist ja noch nie mitgeflogen.

Das war nur mal 'ne kleine Abschweifung.

Ich wollte ja eigentlich darüber reden, dass ich – und das fiel mir auf – immer nur von Erhebungen starte.

Mir ist es noch nie gelungen, mich von der ebenen Erde aus in die Luft zu schrauben. Ich bin eben kein Senkrechtstarter. Und auch die ungeheuren Höhen liegen mir nicht so.

Ich hatte neulich mal eine kleine Zwischenlandung auf einer Turmspitze des Erfurter Doms – und ich muss ganz ehrlich sagen: Da wurde mir schon ziemlich mulmig.

Ich bin dann schnell zur Krämerbrücke hinuntergeglitten. Dort wohnt Elvira in einem winzigen, alten Häuschen in der ersten Etage. Die erste Etage ist sehr niedrig, aber trotzdem bin ich dort immer den Wolken ein Stück näher. Die erste Etage ist sogar, von der Straße aus gesehen, so niedrig, dass mein Freund, der lange Harry, beim Vorbeigehen durchs Fenster sehen könnte.

Den Gefallen tun wir ihm aber nicht.

Wir ziehen zu.

Obwohl das, mal richtig überlegt, absoluter Unsinn ist. Denn Harry ist in meinen Träumen noch nie aufgetaucht. Aber vorige Woche habe ich ihn zufällig mal wieder getroffen.

In der Gaststätte »Nante-Eck«. Er saß dort sehr intim mit einer drallen Brünetten. Es war Elvira.

Das gab mir zu denken. Ich hätte nie geahnt, dass Harry dieselbe Strecke fliegt wie ich. Die Welt ist klein.

Aber ich lasse mich nicht erschüttern.

Ich fliege neuerdings mehr in Richtung Küste. Dort ist es nicht so überlaufen, und man kann leichter landen.

So viel zu meinen Flugreisen.

Was wäre noch zu berichten?

Ach so.

Weihnachten hatten wir Gänsebraten und – natürlich Thüringer Klöße. Meine Frau macht sie an diesen Tagen immer besonders groß. Nun ja – das Fest der Liebe. Ich schlief sofort nach dem Mittagessen ein und flog los. Sehr hoch kam ich nicht. Wegen der Klöße. Außerdem hatte irgendein Trottel auf dem Dach der Gaststätte bei mir um die Ecke einen mickrigen Weihnachtsbaum mit ebensolchen Kugeln angenagelt. Ich flog voll gegen den Baum, rutschte an der Dachrinne nach unten und erwachte im Inneren des Etablissements an der Bar.

Die Bardame war kein Weihnachtsengel. Sie hatte den Teufel im Leib und ließ ihn ungeniert gucken. Ich sang spontan die alte Weise: »Leise erklingen die Glocken vom Campanile.« Die Bardame meinte, das sei kein Weihnachtslied, und sie merke an diesem Beispiel, dass ich nicht mehr ganz allein sei, und an Angetrunkene werde nichts ausgeschenkt!

Meine Frau war nicht ganz so hart in ihrem Urteil. Sie meinte nur, ich hätte mächtig geschnarcht und dann eine Art Lied gesungen. Wahrscheinlich »Kling, Glöckchen, klingelingeling«.

Von wegen Glöckchen!

Ich weiß doch, was ich gesehen habe.

Denn ich fliege ja nicht blind!

Picknick im Walde

Manche wissen's ja bereits, meine Frau raucht auch. Und nicht schlechter als ich. Wir haben auch häufig Gäste. Alles Raucher. Andere würden es nicht überstehen.

Die Tapete unseres Wohnzimmers war vor zwei Jahren zartgelb, vorige Woche kaffeebraun. Und wir kochen keine Schmunzelbrühe!

Kurz und gut, die Bude war fällig.

Das Tapetengeschäft gerammelt voll.

Von Menschen. Die Anzahl der Tapeten war nicht ganz so groß, aber es gab fast dreißig Sorten.

Die Industrie stellt ein paar hundert Sorten her, habe ich in der Zeitung gelesen. Der Leiter des Tapetengeschäfts liest wahrscheinlich nur das »Sportecho«.

Meine Frau fand trotzdem etwas Passendes. Auch, was den Preis betraf. Da sah ich plötzlich diese Dinger. Übermannshoch und einen guten Meter breit. Auf dem einen war ein hübscher Kirschzweig, auf dem anderen ein Birkenwäldchen mit einem schmalen Weg, der nach hinten immer enger wurde und schließlich hinter einem Gebüsch nach rechts abbog.

»Was ist das?«, fragte ich die Verkäuferin.

»Das sinn Dierfohdohs«, sagte sie.

»Aber es sind ja gar keine Tiere drauf.«

»Fier de Flur- oder Stupendiere!«, rief sie und beschoss mich mit einem ungeheuer verächtlichen Blick.

»Ach so«, murmelte ich und fragte meine Frau: »Gefällt dir so was?«

»Nein«, meinte sie.

Daraufhin kaufte ich das Birkenwäldchen mit dem schmalen Weg.

Unser Flur ist nicht sehr lang, aber immerhin länger als breit. An der Stirnseite, von der Wohnungstür aus gesehen, ist ein Einbauschrank. Dort haben wir das Bettzeug drin und allerlei anderen Krempel.

Ich klebte das Birkenwäldchen an den Einbauschrank. Die Wirkung war verblüffend.

Betrat man nun die Wohnung, glaubte man, am Anfang eines romantischen Waldweges zu stehen, der sich durch einen Birkenhain schlängelt und in der Ferne rechts hinter einem Gebüsch im Schlafzimmer verschwindet. Auch meine Frau fand die Sache ganz putzig. Sie ist nämlich sehr naturliebend, hat nur etwas gegen die weitverbreitete Fotografiersucht. Aber die Orientierungswanderungen, die unsere Heimatzeitung regelmäßig veranstaltet, macht sie ebenso regelmäßig mit. Deshalb gefiel ihr nun wohl auch der Weg durchs Birkenwäldchen.

Aber mich störte etwas. Die Illusion hatte einen Haken. Einen optischen Knick oder, wenn man so will, Stilbruch. Die alberne Streifentapete unseres Flurs ging nicht nahtlos ins Birkenwäldchen über. Man musste von der Wohnungstür aus zu lange laufen, bis man in der Natur war.

Ja, wenn der ganze Flur von vorn bis hinten mit Birken beklebt wäre, sähe die Sache anders aus: Man kommt nach Hause, schließt die Tür auf und steht im Wald. Jetzt ahnen Sie schon etwas? Jaja, aber so einfach war das nicht.

Ich klapperte alle einschlägigen Geschäfte ab. Alle Birkenwäldchen-Fotos waren gleich.

In der Mitte der Weg, der nach hinten immer schmaler wird und schließlich hinter einem Gebüsch nach rechts abbiegt. So etwas kann man natürlich nur an die Stirnseite kleben. Die gleichen Bilder rechts und links den Flur entlang würden den Effekt einer großen Waldlichtung ergeben, von der nach allen Seiten Wege abgehen. Man käme sich irgendwie hilflos, wenn nicht sogar verirrt vor und könnte vor allem nachts beim gedämpften Flurlicht auf dem Gang zur Toilette Angstzustände bekommen.

Also mussten einzelne Bäume her. Wald ohne Weg. Um es kurz zu machen: Ich hatte Glück.

Nicht in Berlin, aber in Spremberg, wohin mich eine berufliche Angelegenheit führte. Dort stieß ich im Warenhaus auf Mischwald. Birkenwäldchen hatten sie nicht. Aber in diesem Mischwald kam auch etwas Birke vor, so dass ich überzeugt war, er würde in unseren Flur passen.

Außerdem kaufte ich noch einen Blick von der neuen Dresdner Elbbrücke, unter der gerade ein Fahrgastschiff mit fröhlich heraufwinkenden Menschen hindurchfährt.

Das Dampferfoto klebte ich an eine Wand der Duschecke unserer Toilette. Natürlich überpinselte ich es noch mit Latex. Wegen der Feuchtigkeit. Von nun an war das Duschen jedesmal ein Erlebnis. Ich glaubte stets, in strömendem Regen auf der Elbbrücke zu stehen und konnte mich nicht genug freuen über die prächtigen DDR-Bürger auf dem Schiff, die trotz des miesen Wetters fröhlich und optimistisch zu mir heraufwinkten. Bald hatte ich mir ihre Gesichter alle eingeprägt. Den Dünnen mit der auffällig großen Hakennase habe ich neulich sogar mal im Warenhaus am Alexanderplatz getroffen. Er tat aber, als kenne er mich nicht. Was mich nicht wundert, denn die Blondine, die er zärtlich am Händchen hielt, war wesentlich knackiger als das untergehakte Muttel auf dem Dampfer.

Doch das nur nebenbei.

Zurück zum Flur.

Waren Sie schon mal auf dem Darß oder im Thüringer Wald? Können Sie glatt vergessen, wenn Sie gelegentlich einen Blick in meinen Flur werfen. Das ist ein Wald, wie er im Bilderbuch steht. Natur plus Fotokunst. Mit einem Wort: Kein schöner Land in dieser Zeit.

Ich habe ihn auch mit etwas Fauna durchsetzt. Auf der Rotbuche an der Stubentür hockt eine prächtige ausgestopfte Eule, und aus dem Haselnussstrauch neben der Toilettentür lugt ein Rehkitz. Es ist ziemlich klein, denn ich habe es aus dem »Bummi« ausgeschnitten.

In der NBI war mal ein größeres. Doppelseitig. Als Poster mit der Jimmy-Wood-Combo drumrum. Und diese Jungs haben alle einen leichten Schimpansen-Look. Musikalisch sind sie ja nicht schlecht, aber in meinem Wald möchte ich ihnen nicht begegnen.

Vorigen Freitag rief ich meine Freunde an. Ernst, Manne, Elli und Antek sowie Horst und Reni.

»Morgen läuft ein Ding«, sagte ich. »Picknick im Walde! Wir treffen uns um 19.30 Uhr vor unserem Haus!«

Lediglich der schlaue Manne sagte: »Zu dieser Jahreszeit ein Picknick? Und dazu noch nachts? Warum denn nicht am Tage?«

»Tagsüber muss meine Frau die Wohnung säubern und den Flur harken.«

»Wie viel hast'n heute schon wieder genascht?«, rief Manne und kicherte anzüglich. Aber er sagte zu.

Am nächsten Abend versammelten wir uns alle vor unserm Haus. Antek war im Lodenmantel erschienen, und Elli trug Gummistiefel, denn es nieselte. »Wolln wir nicht lieber in deiner Wohnung picknicken?« fragte Reni, »wir holen uns ja sonst alle die Grippe.«

»Wie ihr wollt«, sagte ich. »Kommt hoch.«

Als sie die Wohnung betraten, standen sie wie vom Donner gerührt. Meine Frau hatte die grüne Flurlampe angeschaltet, und aus der Stereoanlage im Wohnzimmer erscholl der Jägerchor aus dem Freischütz.

»Ich glaub, mich knutscht ein Elch«, schrie Ernst. Er hatte sich als Erster gefangen und brach den Bann der Ergriffenheit. Ein riesiger Tumult begann. Alle quirlten durcheinander, beklopften die Bäume, streichelten das Reh, tippten der Eule an den Schnabel, und Antek versuchte sogar, seinen Lodenmantel an einen Ast der Rotbuche zu hängen.

»Garderobe dort hinter der Krüppelkiefer«, rief meine Frau. »Und die Gummistiefel nicht ins Gebüsch, sondern auf die Toilette in die Duschecke! Die Toilette ist hinter der Rotbuche mit dem Herzchen!«

Elli verschwand hinter der Buche. Als sie wieder hervorkam, rollte ihr eine Träne übers Gesicht. »Onkel Max«, schluchzte sie. »Vorige Woche haben wir ihn begraben, und hier fährt er quietschvergnügt aufm Dampfer und winkt sogar.«

Verflucht noch mal. Wer hätte das geahnt!

»Kinder«, rief ich, »das Leben geht weiter! Lasst uns einen zur Brust nehmen. Prosit. Schirijoh!«

Wir breiteten ein paar Decken aus, hockten uns hin und ließen die Gläser klingen. Es kam Stimmung auf. Elli fing an, recht derbe Witze zu erzählen, die sie von Onkel Max geerbt hatte.

Meine Frau servierte Mittitei, frisch aus der Bratröhre. Ich versprühte Tannenspray. Gegen den Knoblauchduft.

Dann legte ich die Stimmungsplatte auf. »Denn im Wald, da sind die Roheuber, halli hallo, die Roheuber ...«

Beim Kasatschok fiel die Eule herunter. Ich trug sie in die Küche und legte sie in die Bratröhre. Meine Frau sagte: »Trink nicht so hastig!«, und setzte sie wieder auf ihren Ast. Antek hatte sich eine Flasche Wurzel-peter mitgebracht.

Als er keinen Tropfen mehr herausbekam, den Arm hob und sang: »Er nahm die Büchse, schlug sie an ein' Baum«, riss ich ihm die Buddel aus der Hand und versuchte sie zu vergraben. Horst hatte unser Brotmesser aus der Küche geholt und begann, ein Herz in die Rotbuche zu schneiden. Ich legte schnell seine Lieblingsplatte »La Paloma« mit Hans Albers auf und rettete den Baum.

Antek machte plötzlich einen Heidenkrach, weil seine Frau Elli sich weigerte, mit ihm Brüderschaft zu trinken.

Ernst schlichtete den Streit mit dem genialen Vorschlag, eine Treibjagd zu veranstalten. Wir schleppten alle verfügbaren Topfdeckel zusammen und stolperten mit mörderischem Krach durchs Unterholz.

Manne stieß dabei mehrmals den Hetzruf aus: »Hussasa, pack die Sau!«

Da klopfte es an der Wohnungstür. Ich öffnete und rief: »Waidmannsheil, Herr Oberförster.«

Aber der Grüne war unser ABV. Er stellte sich mit Namen und Dienstgrad vor, obwohl ich ihn genau kannte. Dann sagte er uns die genaue Uhrzeit und seine Meinung. Ich versuchte gegenzuhalten. Aber er hatte die besseren Argumente. »In Ordnung«, sagte ich. »Ich blase jetzt zum Halali.«

»Unterstehen Sie sich«, rief er. »Sonst sind Sie die Trompete los und ein bisschen Taschengeld!« Dann ließ er seinen Blick noch kurz durch unseren Flur schweifen, schüttelte den Kopf und ging mit kurzem Gruß.

»Ein anständiger Kerl«, sagte ich. »Es hätte teuer werden können.«

»Wegen dem bisschen Krach?«, krähte Antek.

»Quatsch«, sagte ich. »Deshalb doch nicht. Aber er hat großzügig übersehen, dass wir alle im Wald geraucht haben!«

Ein Pförtner mit Herz

Meine Frau hatte an jenem Tag Prüfung. Sie studierte Kunstgeschichte. Ich beschloss, ihr in dieser schweren Stunde nahe zu sein und zog mit einem Blumenstrauß zur Universität.

Allein meiner seelischen Erregung ist es zuzuschreiben, dass ich entgegen sonstigen Gewohnheiten in eiligem Schritt an der Pförtnerloge der Universität vorbeihuschen wollte. Ein markerschütternder schriller Schrei hemmte jählings meinen flüchtigen Fuß und erinnerte mich eindringlich an meine Bürgerpflicht. Ich sauste zurück zu jenem kleinem Fenster, aus dem das donnernde »Halt!« ertönt war, fingerte meinen Ausweis aus der Tasche, reichte ihn durch die Öffnung und sagte mehrmals in freundlichem Ton »Guten Tag! Guten Tag!« Der kahle Schädel hinter der Scheibe verlor allmählich seine dunkelrote Farbe.

Nachdem der Kollege Pförtner alle Eintragungen meines Personalausweises säuberlich abgeschrieben hatte, sagte er: »Und zu wäm wolln Sie?«

»Ich möchte hinauf in den dritten Stock und im Klubraum auf meine Frau warten. Sie hat nämlich gerade Prüfung, wissen Sie …«

»Ja, das geht nisch. Sie därfen da nisch nauf. Der Herr Brofessor hat da ohm Brüfung.«

»Ja, ja, eben deshalb möchte ich ja hinauf. Meine Frau wird doch geprüft. Ich möchte also im Klubraum auf sie warten.«

»Sie därfen da nisch nauf! Der Härr Brofessor hat Brüfung! Außerdäm därfen Sie iberhaupt nisch alleene da nauf, und isch gann jetzt nisch mit, weil ich ganz alleene hier bin!«

»Aber Kollege Pförtner, ich war doch gestern bereits ganz allein im zweiten Stock in der Plakataustellung!«

»Ja, ind'n zweiten Stock, das is ja was ganz anderes. Dahin därfen Sie alleine, aber nisch ind'n dritten!«

»Dann möchte ich bitte in den zweiten Stock in die Ausstellung.«

Der Pförtner ließ ein zu Herzen gehendes Gelächter hören. »Junger Mann! Sie müssen misch doch für dumm halden. Isch weeß doch ganz genau, dass Sie nisch in die

Ausstellung wolln, sondern ind'n dritten Stock. Hätten Sie gleich gesagt, dass Sie in die Ausstellung wolln, da hätt isch Sie reingelassen, aber jetzt spielt sich da gar nischt mehr ab. Sie gomm nisch nein!«

Ich begann zu schluchzen.

Nach einer halben Stunde standen auch ihm die Tränen in den Augen.

»Also wenn ich nur nisch so e weiches Herze hätte«, sagte er. »Aber jetzt ist mersch ooch egal. Und wenn ich durch meine Gutmütigkeit noch ins Gefängnis komme. Ich schreibe Ihnen jetzt een Schein aus und lass Sie nauf.«

Er kramte in seinem Schub herum. Doch plötzlich strömte eine Flut von Tränen über sein Gesicht.

»Es geht nisch«, stöhnte er, »es geht nisch!«

Mir wurde ganz allmählich dunkel vor den Augen. »Warum um Himmels willen geht es denn nun wieder nicht?«, lallte ich.

Wie aus weiter Ferne hörte ich ihn sagen: »Die Ausstellung ist jetzt geschlossen!«

Das Vorbild ist Piepe

Hubert Pieperella, von seinen Kollegen einfach Piepe genannt, fährt einen Barkas.

Falls es jemand nicht wissen sollte: Das ist ein Auto. Größer als ein Trabant. Und das ist gut für Piepe. Denn Piepe, der privat auch einen Trabant fährt, hat einen sehr großen Garten. In Hangelsberg. Das ist außerhalb Berlins, Richtung Fürstenwalde.

Der Garten bescherte dem Kollegen Piepe in diesem Jahr eine gewaltige Apfelschwemme. Im Geräteschuppen türmten sich unlängst Säcke und Kisten voller köstlicher Äpfel aller Farben und Geschmacksvarianten.

Piepes Frau will einen beträchtlichen Teil davon zu Mus zerkochen und die restlichen Zentner unter den Betten der Pankower Wohnung für den Weihnachtsteller frischhalten.

Piepe sagte sich: Mit dem Trabant muss ich mindestens dreimal hin- und herjuckeln. Das haut spritmäßig ganz schön in die Äppel. Der Barkas bewältigt das Transportproblem auf einen Ritt – und tankt aus der allgemeinen Kasse.

Piepe hatte am vergangenen Dienstag eine Betriebsfahrt nach Königs Wusterhausen. Von dort aus kann man – wenn man will – über Neu-Zittau und Erkner quer rüberstoßen und kommt auf die Fürstenwalder Strecke, also auch nach Hangelsberg in Piepes Garten.

Gleich hinter Erkner bot sich dem Kollegen Piepe ein Bild des Jammers.

Der Jammer bestand aus einem ziemlich neuen Wartburg und einem etwas älteren Herrn.

Der ältere Herr war Piepes ökonomischer Direktor, Kollege Strickmüller. Auf seiner Stirn wölbten sich einige prächtige Beulen. Die Stirn des Wartburgs war von großen Sorgenfalten zerklüftet.

»Plötzlich schlug es mir das Lenkrad aus der Hand«, sagte Strickmüller, »und dieser blöde Chausseeappelbaum gab nicht nach.«

»Hauptsache, Sie selbst sind okay«, sagte Piepe. »Und die Karre wollte der Direktor ja sowieso umspritzen lassen, weil er einen einheitlichen Fuhrpark haben möchte. – Na schön, da werde ich Sie mal abschleppen.«

»Nicht nötig«, sagte Strickmüller. »Habe schon angerufen. Alwin und Herbert müssen jeden Moment hier sein. – Wo fahren Sie denn überhaupt hin?«

»Nach – nach – nach Fürstenwalde«, antwortete Piepe, »wegen Reifen!«

»Menschenskinder!«, rief Strickmüller. »Das trifft sich ja wunderbar. Tun Sie mir bitte einen Gefallen und nehmen Sie hier den Kühlschrank mit. Der ist nämlich für meine Schwiegermutter in Fürstenwalde. Betty Nackelmann, Dr.-Puhlmann-Straße 5. Sie wissen ja, wie's ist. Verkaufen kann man so 'ne historische Schmette nicht mehr, aber 'ne olle Dame freut sich. Und Alwin muss ja auch nicht unbedingt mitkriegen, warum ich hier in dieser Gegend rumgekutscht bin. Obwohl ich natürlich auch dienstliche Gründe hatte. Logisch.«

»Logisch«, meinte Piepe. Er hievte den Kühlschrank in den Barkas, sagte dem Kollegen Strickmüller noch ein paar tröstende Worte und brauste los.

»Blöder Mist«, knurrte er hinter der nächsten Kurve. »Extra noch nach Fürstenwalde.« Diese Flitzpiepe Strickmüller! Warum schleppt'n der den Kühlschrank nicht am Wochenende mit seinem eigenen Lada nach Fürstenwalde? Da steh ich stundenlang rum, und meine Äppel muss ich nach Feierabend im Dunkeln verladen!

Die alte Dame war zu Hause, und Piepe war dann bald in seinem Garten in Hangelsberg und hatte auch bald den Apfelberg hinter sich – im Barkas.

Kurz vor Erkner bot sich dem Kollegen Piepe ein Bild des Jammers. Der Jammer bestand aus einem verbeulten Herrn und einem zerknautschten Auto.

»Alwin und Herbert sind immer noch nicht hier«, rief Strickmüller. »Ich fahre mit Ihnen mit. Wir müssen denen ja unterwegs begegnen. Dann kriegen sie die Schlüssel und können den Dampfer zum Betrieb schleppen. Ich kann ja hier nicht stundenlang meine Arbeitszeit im Straßengraben absitzen!«

»Logisch«, meinte Piepe.

Strickmüller kletterte in den Barkas. Er schnupperte, kuckte, runzelte die Stirn samt Beulen und sagte streng: »Nanu? Keine Reifen, sondern Äppel? Wie darf ich das verstehen?«

Apfelpiepes Kopf bekam Tomatenfarbe.

»Tja«, sagte er nach einer Weile. »Mit den Reifen, das war 'ne Fehlinformation. Falscher Termin. Aber wie's der Teufel so will, heute ist wirklich die Hölle los. Mitten in Fürstenwalde ein Fahrzeug von der GHG mit Federbruch. Und die Jungs betteln mich an, dass ich die Äppel mitnehme nach Köpenick zur Kaufhalle in der Lindenstraße. Sie kämpfen um den Titel, und da wolln sie Termintreue halten und so. Konnte ich natürlich nicht abschlagen. Logisch.«

»Logisch«, meinte Strickmüller.

Er half sogar beim Abladen vor der Kaufhalle. »Komisch, dass keiner rauskommt und mit anpackt«, sagte er.

»Wahrscheinlich kämpfen die nicht um den Titel«, sagte Piepe.

Als Strickmüller wieder im Barkas saß, winkte Piepe einen halbwüchsigen Jungen heran.

»Iss so viel Äpfel, wie du willst«, sagte er, »aber pass auf, dass kein anderer rangeht.«

»Geht klar«, sagte der Junge. »Aber ich rauche seit kurzem auch wieder. Neue Juwel.«

»Schäm dich«, sagte Piepe und gab ihm vier Mark für Club. Dann fuhr er Strickmüller zum Betrieb, weil der noch nach Alwin und Herbert forschen wollte, um den zerknautschten Wartburg von der Landstraße zu bergen.

Beim Abschied sagte Strickmüller: »Etwas Gutes hatte die ganze Sache. Durch den Kühlschrank und die Äpfel hatten Sie keine Leerfahrt. Weder hin noch zurück. Und so soll es ja wohl auch sein, nicht wahr?«

»Logisch«, antwortete Piepe.

Dann fuhr er wieder zur Kaufhalle. Der Junge spendierte ihm eine Club, und als sie aufgeraucht hatten, machten sie sich daran, die Apfelkisten wieder in den Barkas zu laden.

»Bleiben Sie mal stehen, Herr Pieperella!«, rief plötzlich eine fistelige Männerstimme.

Die Stimme gehörte dem Abendblatt-Fotoreporter Birnstiehl, einem Haus- und Flurnachbarn von Piepe.

»Das ist ja 'ne Wucht«, rief Birnstiehl, »wie Sie, Herr Pieperella, als Kleingärtner den Bevölkerungsbedarf mit absichern helfen. Das bringe ich groß raus! Locker stehn! Danke!«

Der Reporter half dann noch beim Ausladen der Kisten.

»Ich nehme Sie mit nach Hause«, sagte Piepe, »dann ist es keine Leerfahrt.«

»Wirklich vorbildlich«, krähte Birnstiehl. »So soll es ja auch sein!«

Nüssli

Meine Frau raucht auch, und nicht schlechter als ich.

Kürzlich waren meine Freunde Antek und Knobbi bei mir.

»So ein dunkelbraunes Zimmer ist ja ganz gemütlich«, sagte Knobbi, »aber ehrlich gesagt, die zartrosa Blümchentapete hat mir besser gefallen.«

»Das isse!«, sagte meine Frau und hatte dabei einen sehr spitzen Blick.

»Diese Tapetenfritzen lernen's nie!« rief Antek. »Die müssen einfach robustere Blumen nehmen.«

»Brauchst nicht rumzueiern«, meinte ich, »wir haben ja verstanden. Ich nehme an, ihr helft beim Tapezieren.«

Das taten sie.

Meine Nachbarin, Fräulein Dr. Glöckchen, ist Gesundheitsapostel. Sie lebt nur von Knäckebrot und Quark. Aber sie ist kein schlechter Kerl. »Wenn Ihr Kühlschrank nicht ausreicht, können Sie auch Bier in meinem einlagern«, sagte sie. Ich dankte für das Angebot und lagerte.

Mein Kühlschrank reichte genau für das Abspachteln der alten Tapete.

Beim Vermessen und Schneiden der Bahnen wurde das Fräulein angezapft.

Plötzlich rief Antek: »Ich glaube, die Olle schluckt heimlich mit. Das kann doch nicht schon die letzte Flasche sein!«

»In der Halle ist es Sonnabendvormittag verdammt voll«, meinte ich. »Da werden wir lange stehen müssen.«

»Ich hätte meinen Rucksack mitbringen sollen«, meinte Antek. Ein Glück, dass er ihn nicht hatte. Ich kenne das Ding. Es war mal das Chapiteau des Zweimast-Zirkusses »Schmollini«. Nur geringfügige Abnäher dran.

»Dieses Netz hier wird wohl genügen«, knurrte ich.

»Jaja«, seufzte Knobbi, »wir sind alle nicht mehr so unbeschwert wie in der Jugend. Wohlstand macht knickrig.«

Die Kundgebung vor der Kaufhalle war gar keine. Es handelte sich nur um Leute, die nach den bekannten Drahtgestellen mit den quietschvergnügten Rädchen anstanden. Wir schlossen uns den Interessenten an und erhaschten nach einer halben Stunde solch ein Gefährt. Wir schoben es gemeinsam und verloren uns dadurch im Gewühl nicht aus den Augen.

Es gab sogar die großen Flaschen. Spezial. Wir hatten den kleinen Wagentyp erwischt. Aber 18 Pullen verkraftete er. Die längste Schlange stand an der Schnellkasse. Das ist normal. Denn die flinkeren Kassiererinnen braucht man an jenen Brennpunkten, wo Dezitonnen umgeschlagen werden. Antek, der alte Fuchs, hatte den berüchtigten Drehwürfel mit. Am Käsestand begann er mit den Manipulationen, und in der Höhe der Speiseeistruhen hatte er schon eine ganze Seite grün.

»Ich schlage vor, wir nehmen einen Schluck«, sagte er, riss seinen Autoschlüssel mit dem Flaschenöffner aus der Tasche und ließ die Kronkorken springen.

»Wir können doch nicht schon vorm Bezahlen trinken«, sagte ich leise.

»Wieso nicht?«, meinte Knobbi. »Durch die Kasse gehn wir sowieso, und ob wir nun davor oder dahinter nuckeln, das Geld ist dasselbe. Wir klaun ja nüscht!«

Das leuchtete ein.

Antek hatte einen flotten Öffner. In Höhe des Brotregals war die Hälfte der Flaschen im Korb oben ohne. Es stellte sich heraus, dass Antek nicht nur den Drehwürfel, sondern auch eine alte Mundharmonika bei sich hatte. Er spielte Knobbi zur Freude das Lied »Die blauen Matrosen sind wieder an Land«.

Knobbi fiel mit dröhnendem Bass ein, und ich sang die zweite und dritte Stimme.

Ein kleiner Junge fragte seine Mutter: »Mama, sind det die drei Spreeathener? Warum ham die'n so scheckige Jacken an?«

»Nein, Meiki«, antwortete die Mutter, »das sind sicherlich fleißige Feierabendtapezierer, die einer alten Oma die Wohnung schön machen. Und darüber freuen sie sich und singen.«

»Aba 'n leichten Zacken weg hamse ooch!«, krähte das Bürschchen. Die Mutter bekam einen roten Kopf, und ich hüstelte verlegen.

»Hast aber 'n trockenen Husten«, brummelte Antek und ließ den Öffner zubeißen.

»Ich will nicht mehr«, sagte ich.

»Um so besser für uns«, meinte Knobbi, »bis zur Kasse ist noch 'n weiter Weg.« Wir schafften ihn.

»Meine Herren«, rief die Kassiererin, »was soll denn der Unsinn! Die Leergutannahme ist dort vorn in der Ecke.«

»Das ist kein Leergut«, stotterte ich. »Das sind Bierflaschen, und das Bier ham wir getrunken.«

»Das merke ich«, sagte die Kassiererin. »Wahrscheinlich die Nacht durchgemacht und noch gar nicht zu Hause gewesen. Also los, halten Sie hier den Betrieb nicht

auf! Sie sehn doch, was sich abspielt. Dort ist die Leergutannahme! Abmarsch!«

Wir marschierten ab.

Das Leergutfräulein half uns sogar beim Ausladen.

»Achtzehn Flaschen. Fünfmarkvierzig. Bitte sehr!«

Ich zog die Hand zurück. »Nein, nein, das können wir
einfach nicht machen. Das ist nämlich …«

»Na, na – nu machense hier mal nich een off Lord, wa!
So dicke hamses doch bestimmt nich. Wennse schon in
dem Zustand nach Hause kommen, dann nehmen Sie
Ihrer Frau wenigstens 'ne Schachtel Nüssli mit. Kinder
hamse doch sicherlich auch! Und nun halten Sie bitte hier
den Betrieb nicht auf. Sie sehn doch, was sich abspielt!«

Wir schnappten unseren Wagen und trotteten erneut
durch die Halle.

»Nüssli ist Quatsch«, murmelte Antek. »Wir kaufen
noch einmal Bier, zahlen doppelt und legen die Fünfmarkvierzig noch dazu.«

Knobbi stöhnte: »Doppelt zahlen und noch Fünfmarkvierzig dazulegen. Wie willst'n das der Mutter an der
Kasse erklären? Die hält uns für Randalierer!«

»Das fürchte ich auch«, sagte ich.

»Außerdem brauchen wir die Fünfvierzig nicht dazu-
zulegen. Die stehen uns zu. Wir haben ja die Flaschen
abgegeben.«

»Stimmt«, meinte Antek. »Dann zahlen wir also jetzt
achtzehn Flaschen mit Pfand, von vorhin achtzehn ohne
Pfand – das macht – das macht insgesamt: Damdamdam,
äh – einundfünfzig Mark und achtundvierzig Pfennige.«

»Genau!«, rief Knobbi. Ich wette, er hätte auch bei
74,30 Mark »Genau!« geschrien.

An der Kasse saß eine andere. Ein junges, blondes Wesen mit rotem Kopf. Sie bearbeitete das Gerät mit ihren zarten Fäusten.

»Hier nicht anstellen!«, rief sie. »Die Kasse klemmt. Ich krieg den Schub nicht auf. Stellen Sie sich bitte woanders an!«

»Meine Schöne«, schnurrte Antek. »Haben Sie ein Herz. Nehmen Sie das Geld und bongen Sie nach, wenn die Kasse wieder in Ordnung ist. Sie sehen doch, was sich an den anderen Kassen abspielt. Wir müssen so schnell wie möglich wieder an die Arbeit. Wir kämpfen um die Wanderfahne!«

»Na schön«, sagte sie, »was haben Sie denn?«

»Achtzehn Flaschen Bier«, rief ich.

Antek zog den Würfel heraus, drehte links und drehte rechts und murmelte: »Achtzehn mal einsachtundfünfzig, das macht ramdamdam und eins gemerkt weniger drei – genau einundfünfzig Mark und achtundvierzig Pfennige.

»Das kann nie stimmen«, sagte die Blondine. »Das ist viel zu viel!«

»Fräulein«, sagte ich, »sehen wir aus, als ob wir uns zu unseren Ungunsten verrechnen?«

»Eigentlich nicht«, flüsterte sie.

»Na also. Hier sind sechzig Mark, kleiner haben wir's leider nicht.«

»Aber ich kann nicht rausgeben. Die Kasse klemmt doch.«

»Der Rest ist für Sie«, sprach Antek.

»Das darf ich nicht annehmen. Nehmen Sie hier die Packung Nüssli. Die ist liegen geblieben. Ein Kunde hatte vorhin nicht genügend Geld mit.«

Antek wollte zugreifen. Knobbi war schneller.

»Vielen Dank«, rief er, »und weil Sie so nett zu uns waren, revanchieren wir uns mit einem Schächtelchen Konfekt. Das werden Sie ja wohl annehmen dürfen.«

»Ich weiß nicht«, sagte die Schöne und nahm es.

Wir atmeten auf und schoben unseren Bierwagen zum Packtisch. Da kam das Leergutfräulein vorbei.

»Das halt ich nicht aus«, rief sie. »Schon wieder 'ne volle Dröhnung Bier und nicht ein einziges, lumpiges Schächtelchen Nüssli. Schämen solltet ihr euch was, ihr miesen Typen!«

Wir haben das Bier stehengelassen und die Stube trocken tapeziert.

Es sieht schlimm aus. Wir müssen viel rauchen, damit's wieder wohnlich wird.

Taschenspielerei

Zuerst versuchte es Heinrich bei Roswitha. Das ist die große Blonde aus der Lohnbuchhaltung. Sie werden sie vielleicht nicht kennen, meine Herren. Aber wenn Sie demnächst im Freibad mal eine Blondine sehen sollten, bei deren Anblick sie nur ein Sprung ins kühle Wasser vor einem Herzschlag bewahrt – dann haben Sie Roswitha gesehen.

So ein Weib ist das. Kein Wunder, dass Heinrich es versuchte. Aber Roswitha nahm die Tasche nicht.

»Die ist rund hundert Mark wert«, sagte sie, »so was lass ich mir doch nicht von dir schenken, Heinrich. Und

kaufen will ich sie auch nicht: Ich habe drei Handtaschen.«

»Ich habe fünfundzwanzig«, sagte Heinrich, »das sind
für einen Junggesellen genau fünfundzwanzig zu viel.«

Rita ließ sich anhauchen.

»Knoblauch hast du nur gegessen, damit man die
Fahne nicht bemerkt«, rief sie.

Heinrich durfte an diesem Tag den Chef nicht nach
Hause fahren.

Am nächsten Tag versuchte er es bei Ella. Ella ist brünett
und so breit wie hoch. Das ganze Gegenteil von Roswitha.

»Der Heinrich fällt aber von einem Extrem ins andere«, flüsterte Ramona, die immer etwas zu flüstern hat.

»Vielleicht ist er bisexuell«, meinte Fräulein Bröckelbach.

Alle lachten, wie immer. Außer Fräulein Bröckelbach.
Wie immer. Auch Ella nahm die Tasche nicht. Obwohl sie
ihr gefiel, »wegen der Schnallen und der anderen Asses-
sors«, wie sie sagte.

Da schritt Heinrich zur letzten Verzweiflungstat. Er
trug fünfundzwanzig Handtaschen in den Speisesaal,
baute sie dekorativ auf einem Tisch auf und stellte ein
Pappschild dazu mit der Aufschrift: »Macht damit, was
ihr wollt!«

Die Betriebsleitung machte eine Sitzung.

Heinrich erhielt eine Einladung.

Der Betriebsleiter hielt eine Rede.

Durch die Rede erfuhr Heinrich, dass er seit über
zwanzig Jahren im Betrieb sei und von allen Kollegen als
vorbildlicher Kraftfahrer geschätzt werde, was sich auch
in zahlreichen Auszeichnungen widerspiegele, dass er

Nichtraucher und Platzwart der Volleyballmannschaft sei sowie auch im Wohngebiet einen guten Leumund habe und dass man nun von ihm eine ehrliche Stellungnahme erwarte. Oder ob er das anders sähe?!

Heinrich sagte, er sehe das auch so – aber er sei kein guter Redner. Deshalb habe er sich ein paar Notizen gemacht, die er nun zur Verlesung bringen wolle. Wenn's gestattet sei.

Es war gestattet.

Heinrich verlas folgenden Text:

Am Donnerstag vor drei Wochen fuhr ich im Auftrag des Dispatchers nach Marzahn, um etwas zu holen.

Ich weiß nicht mehr, was es war, denn ich musste mich auf den Verkehr konzentrieren. Der Verkehr war stark. Vor mir fuhr ein LKW. Er verlor in der Leninallee ein großes Paket. Ich erwischte es mit der rechten Stoßstangenkante und schleuderte es auf den Gehweg, wo ein Hund umfiel. Daraufhin stieg ich aus. Der Hund und das Paket waren unverletzt. Polizei war nicht zugegen.

Ich lud das Paket ein und versuchte, den LKW zu verfolgen. Da war plötzlich Polizei zugegen.

Durch die zwei Stempel verlor ich Zeit und den LKW aus den Augen.

Zuerst wollte ich das Paket der Polizei geben, aber man weiß ja nicht, wie so was aufgefasst wird.

Ich nahm dann Einsicht in das Paket und erfuhr durch Begleitschreiben, dass es sich um fünfundzwanzig Damenhandtaschen à einhundert Mark und 'n paar Zerquetschte handelt und dass der Absender eine Lederwarengesellschaft in Pankow war. Oder in Lichtenberg. Jedenfalls hab ich da angerufen. Die Nummer habe ich noch.

Die Handelsgesellschaft sagte, das seien Taschen von ihr, aber verloren habe sie der Transportbetrieb »Autoflott«, und sie gäben mir mal die Nummer.

Ich rief »Autoflott« an. Die sagten, es sei schon möglich, dass mal was verloren wird, aber das ist kein Verlust. Höchstens für die Handelsgesellschaft. Deshalb müsste sie doch interessiert sein, dass sie wieder zu ihrer Ware kommt, und sie gäben mir mal die Nummer.

Ich sagte dankend: Die habe ich schon und rief wieder in Pankow an. Oder in Lichtenberg. Jedenfalls bekam ich die richtige Verbindung.

Die Handelsgesellschaft sagte, es sei eine Frechheit von »Autoflott«, und ich solle denen das ruhig sagen.

Darauf rief ich »Autoflott« an und sagte es ihnen. Da sagten sie, es sei eine Frechheit von den Handelsfritzen, und das solle ich denen ruhig mitteilen.

Was ich auch machte.

Es ging noch mehrmals hin und her.

Am Ende sagten alle beide, es sei eine Frechheit von mir, und sie hätten zu arbeiten, ich solle ja nicht mehr anrufen. Mir fiel ein Stein vom Herzen, denn meine 20-Pfennig-Stücke zum Telefonieren waren alle.

Ende des Berichts.

Da machte die Betriebsleitung ein recht nachdenkliches Gesicht, und später machte sie ein paar passende Bemerkungen. An geeigneter Stelle. Deshalb sind die Taschen inzwischen doch dort, wo sie rechtens hingehören, und Verlust ist nicht entstanden. Außer bei Heinrich. Aber das ist nur Verlust ideeller Art. Der fällt nicht so ins Gewicht.

Kreuzfahrt

Sie: Hans-Heinrich, was meinst du – ob das
  Schiff auch geheizt ist?
Er: Jede Kajüte hat Kachelofen, die besseren Kamin.
Sie: Ach ja? Es ist ja nur wegen der Nachtwäsche. Soll
  ich nun das dicke Nachthemd mitnehmen, das du mir
  mal zur Verlobung geschenkt hast, oder mein Flatter-
  chen … oder schlafe ich nackt?
Er: Kannste machen. Es is ja dunkel.
Sie: Hans-Heinrich!!
Er: War doch nur 'n Scherz … Ich weiß ja, wie schön du
  bist.
Sie: Das will ich meinen. Dennoch – Schönheit kommt
  noch schöner zur Geltung durch schöne Kleidung.
  Denk doch nur mal an die vielen Landgänge. London
  zum Beispiel. Wenn ich dort nun der Königin begegne!
Er: Ja, aufm Flohmarkt.
Sie: Da ist wohl ein etwas strenges Kostüm am günstigs-
  ten. Ich werde das dunkelblaue mit der kleinen weißen
  Lilie am Revers mitnehmen. Wenn ich doch nur noch
  in mein Reitkostüm hineinpasste. Die Königin ist doch
  Pferdenarr. Naja, vielleicht trifft man sie ja auch gar
  nicht und sieht nur andere Engländer. Die sind ja so
  sportlich. Da ist vielleicht mein Tennisdress für sie eine
  noble Geste. Kostüm kommt natürlich trotzdem mit.
  Auch der Reitanzug. Auf dem Schiff ist doch bestimmt
  Frühgymnastik, da schwitze ich mir ein bisschen was

42

ab. Ich werde den alten und … den neuen Bademantel mitnehmen. Erst mal sehen, was die anderen Damen so tragen. Ich möchte sie mit dem neuen nicht in Verlegenheit bringen, da gilt man doch gleich als Angeberin. Also Bademantel 1 und 2 … Kommen wir eigentlich auch in Florenz vorbei?

Er: Nicht direkt.

Sie: Na egal, den Florentiner Hut nehme ich trotzdem mit.

Er: Klar, damit kannste in Sevilla die Stiere reizen.

Sie: Sevillja? Oh! Dann kommt natürlich nur mein herrliches Faschingskostüm als Carmen infrage.

Draußen am Wald von Sevilla wartet mein Freund Leo Spastia … Die Liebe vom Zigeuner stammt …

Er: Wie eiskalt ist dies Händchen, erlaubt,
dass ich es wärme …

Sie: Das ist La Boheme und nicht Carmen, du Banause!

Er: Mozart is Mozart.

Sie: Apropos Mozart. Ist an Bord eine Tanzkapelle oder nur Disko? Na egal, ich nehme das blaue ausgeschnittene mit, das ich mal beim Tanzturnier in Ottendorf-Okrilla getragen habe – und drei Jeans und meine T-Shirts.

Er: Alle.

Sie: Nicht alle, die wichtigsten. In der Wüste braucht man doch was Leichtes.

Er: Wir segeln nicht durch die Wüste.

Sie: Aber ist Tanger nicht in Afrika? … Da muss ich an den aufregenden Film mit Humphrey Bogart und Ingrid Bergman denken.

Er: Das war Casablanca.

Sie: Ja, wo er immer sagt: Geh mir aus den Augen, Kleines …

Er: Genau – und sie singt: Machs mir again …

Sie: Hans-Heinrich – mach dich hier nicht zum Affen.

Er: Neenee, die Affen kommen ja erst in Gibraltar.

Sie: In Gibraltar kommen Affen?! … Aufs Schiff? Bieten die was an?

Er: Quatsch, die hocken aufm Felsen und lassen sich füttern.

Sie: Au fein, da nehm ich noch den großen Korb mit dem ganzen trockenen Brot mit.

Er: Jetzt bin ich aber langsam von den Socken.

Sie: Natürlich, Hans-Heinrich – Socken, Strümpfe, Schuhe, Stiefel, muss ja alles mit. Laufschuhe, Wanderschuhe, Hochhackige für die Feste, Jogging-Schuhe. Kann man auf dem Schiff eigentlich joggen?

Er: Ich schon, ich muss sogar. Nach Salat mit Öl jogge ich immer zur Toilette. Aber diesmal werde ich genug Kohletabletten mitnehmen.

Sie: Kohletabletten? Nein, Hans-Heinrich. Das wirst du schön bleiben lassen. So ein Schiff kann ja viel vertragen, aber überladen darf man es nicht.

Die viergeteilte Alwine

Alwine ist nicht mehr die Jüngste.

Kurz vor achtzig. Deshalb auch der Name. Damals fand man das normal oder modern oder affengeil. Vermute ich. Kommt alles wieder.

Alwine ist auch nicht mehr die Flotteste auf den Beinen. Ihr rechtes Kniegelenk ist durch die fettarmen

Kriegsjahre völlig eingetrocknet. Fast unbeweglich. Wie Alfred B., der Kulturbeamte.

Aber Alwines Geist ist um so beweglicher. Sie ist mental absolut gut drauf. Vom Frühstücksfernsehen bis zum Mitternachtskrimi verfolgt sie alles, was sie sich von den Medien so bieten lässt. Am liebsten sind ihr die Nachrichten und Informationen der sie umgebenden Heimatsender. Von »Antenne Oderbruch« über »Zweiundneunzig Bier« bis zum Sender »Freies Seddin«.

Da weiß man, was man hat.

Und was hat Alwine?

Stündlich wichtige Hinweise:

»Die Max-, Ecke Moritzstraße ist wegen einer Kranaufstellung vorübergehend eingeengt. Die Polizei greift verkehrsregelnd durch.« – »Auf der B 2 nahe Schwanebeck blockiert eine volltrunkene Person mit Überlänge die Fahrbahn in beiden Richtungen. Der Verkehr wird über Zepernick, Bernau und ausgeschilderte Beamte umgeleitet.«

»An den Grenzübergängen die üblichen Wartezeiten, serviert vom Parkidyll Nervenmühle, dem trackerfreundlichen Service-Motel.«

Wenn Alwine all diese Meldungen gehört hat, weiß sie, dass sie sich ohne Sorge auf die Straße trauen kann. Will sie doch weder zur Max-Ecke-Moritzstraße noch auf die B2 nach Schwanebeck oder gar nach Pomellen. Sie will lediglich mit ihrem rollenden Einkaufsbeutel – in der Ehemaligen zärtlich »Rentner-Trabbi« genannt – einkaufen humpeln.

Früher kam ja immer ein kleiner, pfiffiger Pionier. Der machte das wegen des Pionierauftrags und aus Trinkgeldgründen.

Trinkgeld würde Alwine auch jetzt opfern.

Aber der Pionier hat inzwischen Familie, und seine Kinder treten nicht in Papas jugendsündige Fußstapfen.

Alwine zieht ihr Wägelchen mit der rechten Hand, und links trägt sie ihr Täschchen, das ihr in der Schubertstraße der vorbeizischende Radler immer entreißt.

Alwine hat viele alte Täschchen.

Das eigentliche mit der Geldbörse ist immer im rollenden Beutel.

Das scheckt der Radler nie!

Nach dem ersten Taschenraub trug Alwine ihre Kohle vorübergehend im Brustbeutel. Es war jenes Mini-Zwiebelsäckchen, in dem ihr seliger Otto gelegentlich pflichtgemäß sein Parteidokument mit sich führte.

Zur Wendezeit hatte Otto das Dokument vernichtet. Den Brustbeutel nicht.

Er wollte sich nicht von allem lossagen.

Doch Alwine trennte sich vom Brustbeutel. Es hatte an der Kaufhallenkasse immer Aufsehen erregt, wenn sie sich die Bluse aufknöpfte, um nach Geld zu fummeln.

»Sechzig Jahre zu spät, Mutter!«, hatte ein ziemlich alter Lümmel sogar mal gerufen.

Nach dem Einkauf setzt sich Alwine draußen vor die Tür gern noch ein wenig zu denen, die sich als Arbeitslose nicht die Arbeit machen, flüssiges Brot mühsam nach Hause zu schleppen. Sie verzehren es lieber an Ort und Stelle in netter Gesellschaft. Eine verwitterte Vierzigjährige strickt dabei immer Mützchen für ihr Enkelchen.

Die Mützchen sind vormittags rosa und abends meist auch blau. Alwine wird vom fröhlichen Völkchen stets zu einer Daumenbreite aus der Pulle eingeladen.

Sie lehnt dankend ab und spendet gerührt eine Runde Büchsen.

Wenn der Kontaktbevollmächtigte vorbeikommt, berichtet ihm Alwine routinemäßig den Handtaschenraub, den er sich routinemäßig notiert, bevor er dann mit den Schluckern routinemäßig die leeren Bierbüchsen aus der Blumenrabatte sammelt.

»Ein feiner Mensch«, murmelt dann immer Alwine und denkt an ihren Otto, der nicht ganz so fein gewesen war.

Am Nachmittag geht Alwine in den Seniorenklub oder zum Krankenhaus oder auf den Friedhof. Immer abwechselnd – aber regelmäßig. Denn es liegt immer etwas an. Im Seniorenklub liegt immer mal gute, alte Musik mit Kaffeeduft in der Luft, im Krankenhaus liegt immer mal irgendeine gute, alte Bekannte, und auf dem Friedhof liegt schließlich immer der gute, alte Otto.

An seinem Grab steht eine alte, morsche Bank. Sie gehörte zu jenem Verblichenen, der hier ruhte, bevor er Otto Platz machen musste. Alwine hat die Bank übernommen, obwohl ein hessischer Urenkel des Vorruhenden Besitzansprüche angemeldet hatte. Er hat sich dann aber mehr für die Deutsche Bank interessiert, und da ist er eingebrochen. Nun guckt er dumm aus der Wäsche.

Alwine guckt abends in die Röhre.

Sie ist ein Fernbedienungsfriehk. Fanatisch klappert sie alle erreichbaren Kanäle ab, und wenn sie endlich einen findet, in dem nicht geschossen, gehaun und gestochen wird, ist sie so müde, dass sie gerade noch mit letzter Kraft ihr Bett erreicht.

Nachts träumt sie, sie hätte beim Glücksrad eine siebenwöchige Luxus-Kreuzfahrt über alle Luxusweltmeere gewonnen, und beim Erwachen ist sie heilfroh, dass es nur ein Traum gewesen ist.

Denn sie kann doch nicht verreisen. Sie wird ja gebraucht.

Vom Taschenräuber, von den Schluckspechten, vom KoB, von den kranken Freunden und von Otto.

Obwohl Otto – denkt sie – Otto könnte mal 'ne Weile ohne mich auskommen. Fürs Gießen würde sich sicherlich ein armer Call-Boy oder Student finden.

Und außerdem: Es ist gar nicht mal so sicher, ob Otto wirklich richtig tot ist.

Denn er kriegt laufend noch Post vom Versandhaus und von der Landeslotterie.

Der trojanische Antek

Wenn ich früher meinen Freund Antek anrief – einen bedeutenden Chirurgen – dann stand er natürlich meistens im OP und schnippelte und nähte. In solchen Fällen sagte dann die Sekretärin oder Schwester Elle: »Der Oberarzt operiert. Er wird Sie dann anrufen! Schönen Tag noch!«

Als ich vorgestern meinen Freund Antek anrief – einen unbedeutenden Vertreter für Skalpelle und steriles Nähgarn –, da sagte eine wohltemperierte Damenstimme: »Unser von Ihnen gewünschte Herr ist zur Zeit im Außendienst. Hinterlassen Sie nach dem Piep bitte Ihre Nummer. Er wird Sie zurückrufen.«

Ich hinterließ meine Nummer.

Aber ich kam ins Grübeln.

Er wird mich zurückrufen?
Wie soll ich das verstehen?
War ich bei ihm?
Bin ich weggegangen?
Grußlos vielleicht?
Wo ist er denn eigentlich?
Wohin wird er mich zurückrufen?
Er ist im Außendienst.
Das sagt alles und nichts.
Er kann hier um die Ecke in der Schliemannstraße sein.
Na schön, da könnte ich schnell mal hinspringen.

Aber er könnte auch in der Nähe von Troja sein, Schliemanns alter Buddelstätte.

Da soll'n sie ja noch immer buddeln. Und die alten Tonscherben sind zwar wertvoll, aber nicht die feinsten in ihrem Benehmen. Da ist schnell mal ein Finger weg oder anderes. Da muss geschnippelt und genäht werden. Logisch, dass Antek in solchen Fällen mit seinem Kram zur Stelle sein muss. Möglichst noch vor den Japanern.

Bloß, was soll ich dort?

Außerdem fahre ich einen gebrauchten Mazda. Bin sehr zufrieden. Warum soll ich mich also mit den Japanern anlegen? Und das Schärfste! Wer bezahlt mir die Flugreise? Oder glaubt Antek etwa, ich komme mit meinem Fahrrad auf der Seidenstraße angestrampelt?

Ich meine, es wäre noch mal 'ne sportliche Herausforderung. Aber mein Miniskus des linken Kniegelenks ist vor der Wende nach dem Westen abgehaun und trotz Vereinigung nicht wieder aufgetaucht.

Ich würde ihn gern zurückrufen. Aber wo ist er? Wo soll ich anrufen?

»Rufe mich an in der Not«, sagt der Herr. Ich hab trotz Ungläubigkeit viel Sympathie für und Achtung vor dem Herrn. Aber ich glaube nicht, dass er meinen Miniskus im Blickfeld hat. Er hat ja Mühe, den Weltreisen seines Stellvertreters zu folgen. Übrigens, ich könnte wahrscheinlich nie Papst werden. Ich hätte ja wegen meines steifen Knies schon beim ersten Kuss Mühe, wieder auf die Beine zu kommen. Doch das nur nebenbei.

Ich bin mir eigentlich gar nicht so sicher, ob Antek sich wirklich in der Gegend um Troja rumtreibt. Wie kam ich denn überhaupt darauf?

Wegen Schliemann.

Aber der ist lange tot. Den kann man außen vor lassen, würde mein Sohn sagen.

Das soll so viel heißen wie, »den kannste vergessen«.

Mein Bruder ist Fußballtrainer. Wenn er auf seiner Trainerbank rumhopst, schreit er des Öfteren »Außen vor!« Nach dem Spiel – ob gewonnen oder verloren – werden auch die Außenstürmer mit dem Vereinsbus heimgeholt. Nicht vergessen. Seltsam, seltsam.

Ich gehe jetzt wegen des Trabbels mit Antek öfter mal wieder in meine Stammkneipe. Auch gestern Abend.

Mitten im schönsten Stammtischgespräch ruft meine Frau an: »Ist Jochen vor Ort?«

Der Wirt: »Im Bergwerk isser nich. Aber hier isser.«

Sie hat mich aber nicht zurückgerufen. Nein – zurückgepfiffen!

Zu Hause, in meinem Lieblingssessel, saß Antek. Er ist nicht mehr Vertreter. Die Skalpell-Bude ist pleite gegangen. Antek verkauft jetzt kleine Holzpferdchen. Trojanische.

Rosi zapft und klettert

»Das kommt von deinem unverschämten Übergewicht!«, schrie meine Frau, als die Toilettenbrille sie erneut in ihren wohlgeformten Allerwertesten gekniffen hatte. Ich schwieg vornehm, schraubte das Ding mit dem bissigen Riss ab und trabte zum Kaufhaus. Feuerrote, blassblaue grünliche, perl-weiße – alles da. Wo leben wir denn! Ich brauchte beige. »Es muss zu den Wandschränken und zum Spiegel passen«, hatte sie gesagt. Ich habe bei meinen Sitzungen noch nie in den Spiegel geschaut. Aber bitteschön – ich nahm beige. 56 Mark. In meiner Stammkneipe – so ein Kauf muss begossen werden – sagte Achim: »Det Ding hätteste bei Aldi für 18 Mark gekriegt!«

»Kaufhaus war näher.«

»So kannste doch heutzutage nich mehr ranjehn, Mann, da wirste arm!«

Aus Angst vor Armut tranken wir noch zwei bis drei. Am Zapfhahn Rosi. Ein Prachtweib. An diesem Tag noch prächtiger. Eine Bluse an – oiih! Genauer gesagt: Wenig Bluse, mehr Weib. »Kostet auf'n Kudamm bei ›Ria Schick‹ 99. Ich hab den Fummel für 22 abgefasst. In Bad Schandau aufm Bergsteiger-Markt.«

»Warste da in Urlaub?«

»Nee, wir war'n bei Oma in Stützerbach. Entzückendes Häuschen, und Oma nimmt ja nischt. Ja, und da ham uns Bekannte den Tipp gegeben, und wir sind schnell mal rübergerutscht nach Bad Schandau.«

»Ja, ja«, sagte Achim, »so muss man rangehn. Früher sind wir rumgereist, um irgendwat Notwendiges oder Rares überhaupt zu schnappen, und heute gehste auf Achse, um ein Schnäppchen zu machen. Der alte Slogan hat sich nicht geändert: Gewusst wo!«

Wir tranken noch einen auf Rosi und einen auf Bluse.

Achim: »Also Rosi, ick kenn mich aus in der Welt. Die Bluse ist original fronkraisch, fronkraisch. Wie kommt'n die nach Bad Schandau?«

»Hat'n Bergsteiger von einer Klettertour in den Pyrenäen mitgebracht.« Damals wussten wir es noch nicht, aber inzwischen habe ich es erfahren: Rosi übt jedes Wochenende an der Nordwand der Barberine.

Achim und ich übten an jenem Nachmittag noch ein wenig den Umgang mit dem schäumenden Gerstensaft. Dann schlurfte ich heimwärts. Unterwegs kaufte ich auf dem Freiluftmarkt noch ein Säckchen Kartoffeln. Günstiges Angebot. 4 Mark 99.

Meine Frau sagte: »Hättest du billiger haben können. Eben haben sie im Radio 'ne Reportage gebracht vom Markt in Slubice. Dort kriegste ein Kilo Kartoffeln für sechzehn Pfennige.«

Am nächsten Tag tankte ich für 50 Mark und kaufte in Slubice für 90 Pfennige 5 Kilo Kartoffeln.

War's nun der Restalkohol, oder waren es die Bremsen? Jedenfalls hat mich meine liebe Frau vorige Woche beerdigen lassen. Niveauvoll. Für fünftausendsechshundert Mark. Allein das Streichquartett hat 400 Mark gekostet. Hätte sie billiger haben können.

Sie spielt nämlich ganz brauchbar Mundharmonika.

Besonders das Kufsteinlied.

Gnade für den Jackpotknacker

Vor etlichen Wochen traf ich den kleinen Wilfried völlig überraschend. Er sah elend aus. Doch Näheres dazu später. Zunächst große Begrüßung: »Mensch, alter Hund! Gut siehste aus!« In dieser Art.

Wir hatten uns in den letzten Jahren etwas aus den Augen verloren.

Vor Urzeiten haben wir mal gemeinsam studiert. Das heißt, wir taten so, als ob wir täten. Aber weil wir kurz vor Semesterabschluss, kurz vor den Prüfungen tatsächlich etwas taten, schafften wir einen Abschluss und wurden auf die Menschheit losgelassen.

Die Menschheit bestand aus Mecklenburgern und Vorpommern, die sich offiziell aber DDR-Bürger des Bezirkes Neubrandenburg nannten. Für den Ackerbau und Viehzucht treibenden Teil davon machten der kleine Wilfried und ich eine Zeitung. Dorfzeitung.

Jeder von uns tat dies in einem anderen Kreis, aber das Gemeinsame unseres Tuns bestand darin, dass wir als Stadtmenschen den Genossenschaftsbauern mitzuteilen hatten, wann das Korn reif ist und wie man einer »Raufutterverzehrenden Großvieheinheit«, auch Kuh genannt, mit geringstem Aufwand sehr viel Milch abzapft. Die Bauern fanden das lustig, und weil es uns leichtfiel, lustig mit ihnen mitzutrinken, waren es ganz lustige Jahre. Man trank allerdings nicht stumpf vor sich hin, man gab auch dem Geist Beschäftigung.

»Kontra Reh und Bock« waren die meist gebrauchten Reizworte, die den kleinen grauen Zellen Farbe verliehen. Kartenspiele waren eine Macht, und der kleine Wilfried diente dieser Macht in Treue und Ergebenheit. Ohne ihn kein Preisskat, und kein Preisskat, bei dem er nicht wenigstens den dritten Preis abfasste. Oft war er der Turniersieger. Er ließ sich dazu stets fotografieren und veröffentlichte das Foto in der von ihm fabrizierten Zeitung. Dadurch war er in seiner Gegend bald genauso ein Star wie Sinatra in Las Vegas.

So viel über jene Jahre.

In der Folgezeit schlugen wir uns – der kleine Wilfried und ich – in unterschiedlicher Weise durch allerlei Unterholz und Gestrüpp des Blätterwaldes.

Mitteilungen darüber dürften für den Leser aber sicherlich kaum von Interesse sein. Nur so viel: Letztlich führten unsere Wege in die Hauptstadt der Ehemaligen und Jetzigen, in der wir uns Gott weiß warum – erst vor einigen Wochen über den Weg liefen.

»Mensch, alter Junge!« Und so. Hatte ich ja schon erwähnt. Jetzt weiter.

»Gut siehste aus!«, sagte ich, obwohl er mager und abgehärmt war. Ich vermutete, dass die ständigen nervenzerfetzenden Skatturniere doch allmählich an der Substanz genagt hatten. Aber ich fragte mit harmlos-fröhlichem Tonfall: »Na, was macht das Gebetbuch des Teufels? Heutzutage winken doch sicherlich andere Preise als 'ne Dauerwurst oder ein altgedientes Suppenhuhn!«

»Skatspiel ist out«, antwortete Wilfried, »halten meine Bronchien nicht mehr aus. Zu viel Qualm, Bierdunst, Küchengeschnöker!«

»Aber ein Spieler wie du kann doch nicht völlig trocken stehn!«, rief ich.

»Ich hab ja jetzt die Pferde«, sagte er, und in seine etwas matten Augen kam ein feuriges Funkeln. Dann erzählte er mir sichtlich erregt, dass er am Sonnabend auf der Trabrennbahn schon wieder zwei große Einläufe hatte.

»Das ist ja mörderisch!«, schrie ich und war nahe daran, seine hohlen Wangen zu küssen.

»Warum lässt du das mit dir machen? Und vor allem in dieser Umgebung?«

Heute weiß ich, welchem Irrtum ich damals unterlag. Denn der kleine Wilfried hat mich eingeführt in die Welt des Trabrennsports.

Wir versäumen kaum eine Rennveranstaltung.

Anfänglich hatten meine Bronchien am Qualm in der Wetthalle mächtig zu knabbern.

Wilfrieds haben wahrscheinlich das Knabbern für immer aufgegeben. Er schlägt sich, so glaube ich, mit der sogenannten Bauchatmung durch. Das geht auch ohne Bronchien. Außerdem geht man ja, sobald die Wetten gemacht sind, jedesmal für 3 bis 4 Minuten ins Freie, um das Rennen zu verfolgen.

Wobei das Rennen, so meint Wilfried, eigentlich gar nicht das Wichtigste ist. Aber man braucht es, um zu wetten.

Sieg, Platz, kleiner Einlauf, großer Einlauf.

Was Sieg heißt, weiß jeder Anfänger.

Als Fortgeschrittener weiß ich: Bei Platz muss der von mir erwählte edle Gaul unter den ersten drei sein. Gleich, an welcher Stelle. Beim kleinen Einlauf muss ich die ersten beiden, beim großen Einlauf die ersten drei voraussagen. Allerdings in der richtigen Reihenfolge.

Einfach ist das nicht, vor allem, wenn mehr als drei Pferde laufen und man sich nicht mit ihnen besprechen kann. Das können wahrscheinlich nicht mal die im Sulky sitzenden Rosselenker. Nur Wilfried kann mehr.

Er kann voraussagen, dass »Amselpfiff« unschlagbar ist, wenn »Gorgonzola« wegen Galoppierens disqualifiziert wird, und dass, wenn »Gorgonzola« glatt geht, »Amselpfiff« höchstens auf den vierten Platz läuft, damit es nicht nach Niederlage aussieht, sondern mehr nach Reifenschaden oder Migräne. Dies alles weiß Wilfried, und er hat schon so manchen Einlauf getroffen. Allerdings nie bei jenen Rennen, in denen »Amselpfiff« und »Gorgonzola« liefen.

Wilfried trifft stets sogenannte Volkseinläufer, das heißt, er teilt sich mit ein paar hundert Wettern die Quote. Aber er ist glücklich, wenn er für ein eingesetztes Pfund zwanzig Mark Gewinn einstreicht.

Sagt er jedenfalls. Aber ich sehe, wie es ihn wurmt. Ein Siegertyp ist kein Herdentier. Deshalb hat er sich neuerdings aufs Jackpotknacken verlegt.

Worum geht's?

Immer wieder passiert es, dass in irgendeinem Rennen niemand den großen Einlauf trifft. Bei kleinen Einläufen kommt es auch vor.

Dann verkünden Lautsprecher und Monitor: »Einlauf nicht getroffen. Es gibt einen Jackpot von x-tausend Mark. Jackpot kommt im zehnten Rennen zur Ausspielung!« Bedenkt man, dass die Wettgelder des zehnten

Rennens noch dazukommen, dann sieht der Jackpotknacker nicht nur einen Silberstreif am Horizont, sondern Gold vor seinem Auge. Dem geistigen.

So geschehen vor drei oder vier Wochen. »Haste 'n Scheck mit?«, fragte Wilfried.

»Ja.«

»Dann lass dir an der Hauptkasse dreihundert Mark auszahlen. Wir machen 'ne großangelegte Kombi und knacken das Ding!«

Die Kasse zahlte, Wilfried knackte. Theoretisch.

»Echte Siegeschancen haben«, sagte er, »›Donna Doria‹, ›Mäkseneif‹, ›Charly Schocker‹, ›Loveparade‹ und ›White Christmas‹. Zweiter oder Dritter können werden: ›Polli Ester‹, ›Weija Konditor‹, ›Ed von Schlick‹ und der Rest.«

Es siegte eine vom Rest.

»Miss Piggi«, eine magere alte Stute, die sich vor dem Ende ihrer Tage einen Jugendtraum erfüllte.

Der aufgestockte Jackpot kam am nächsten Renntag zur Ausspielung.

Ich nahm keinen Scheck mit. Nur eine recht dünne Brieftasche. Wilfried war stinksauer.

»Wer knacken will, muss fröhlich sein«, schrie er, »aber dein Geiz ist ein Trauerspiel!«

Wir knackten den Jackpot. Nicht nur wir. Denn die ersten drei Pferde waren die, die immer die drei ersten sind. Kleingeld klimperte in allen Taschen. An jenem Tag wechselte Wilfried von der Rennbahn zur Lotto-Bude. Es gab in dem Spiel »Sex mit 49« einen Jackpot von nahezu zwei Millionen.

»Geteilte Freude ist doppelte Freude«, sagte Wilfried, »los, nenne dein Geburtsdatum, ich nehme meins.«

Wir kreuzten 12, 10, 34 und 3, 9, 35 an.

Wilfrieds Zahlen wurden gezogen. Meine nicht im Entferntesten.

»Mit so einem bescheuerten Geburtstag kann man keinen Jackpot knacken!«, schrie Wilfried und warf mir seine Geldbörse an den Kopf.

Aber es war sein Schlüsselbund. Wilfried wohnt aus Gründen der Romantik in einem stillgelegten Wasserturm. Der Turmschlüssel wiegt zwei Kilogramm.

Mein Bettnachbar ist ein Verwandter von Henry Maske. »Wenn ich aus'm Krankenhaus raus bin«, sagt er, »dann niet ich deinen Wilfried um!«

»Quatsch«, sage ich, »wir lassen Gnade walten! Der Junge kann nichts dafür. Es ist sein Spieltrieb. Sein Knackdrang ist der Knackpunkt.«

Heute hat mich Wilfried besucht. Er überreichte mir 61 Rosen und ein Bündel Tausendmarkscheine. »Bist du verrückt!«, rief ich. »Wo hast du die ganze Kohle her?«

Er hatte einen Tresor geknackt. Ohne Gewalt. Nur mit den Zahlen meines Geburtsdatums.

Wie ich Tante Trudchen begrub

Obwohl sie eigentlich gar nicht unsere Tante war, sondern nur eine gute alte Bekannte und Freundin der Familie, war ich ganz schön traurig. Das liebe kleine Hutzelweibchen war nun plötzlich weg. Unter der Erde. – Moment mal. Dahin sollte sie ja erst. Noch weilte sie, wenn auch sehr still und stumm, in ihrer kleinen Gemeinde, eine gute Autostunde von unserer Hauptstadt entfernt.

Und mein Golf scheintot. Und die S-Bahn reicht nicht bis dorthin, und die Beerdigung – laut Telegramm – in aller Stille, aber pünktlich, zwölf Uhr dreißig, und der Kranz, ich bin kein Knicker, nicht gerade mickrig. Kurz und gut – Taxe.

Der Fahrer: »Rückfahrt müssense auch bezahlen.«

»Natürlich. Ich will mich ja dort nicht gleich mitbegraben lassen.«

»Okehhh. Hoffentlich nicht zu lange Wartezeit.«

»Is'n kirchliches Begräbnis. Junger Pfarrer. Macht's ergreifend, aber zügig.«

»Okehhh.« Erster Gang, zweiter Gang, dritter Gang, Radio Brandenburg: »Alle Leute wollen in den Himmel, aber sterben wolln sie nicht …«

Ich: »Schmeckt mir aber nicht so recht.«

Er: »Wejen Trauer, wa?«

Ich: »Auch.«

Berliner Rundfunk: »Heut ist der schönste Tag in meinem Leben!«

Er: »Na?«

Ich: »Nu, ja.«

Er: »Singt Joseph Schmidt. Ooch schon tot. So gesehn harmoniert's.«

Er plauderte über Joseph Schmidt. »Der war noch kleener als Sie. Allerdings ooch 'n Zentner leichter. Aber 'ne Röhre! Mein lieber Herr Gesangsverein. Im Gegensatz zu Marijo Lanza. Ich meine gewichtsmäßig. Der spachtelte nämlich so gerne. Soll ja zum Frühstück manchmal zwanzig Eier gegessen haben. Halt ick ja für Übertreibung, oder Papplissetie. Werden wohl ooch Wachteleier gewesen sein.« Er musste unheimlich lachen. Und als er wieder Luft bekam, sagte er: »Det halt ick nich aus! Ich muss sowieso mal raus. Müssense ooch mal?«

Ich musste nicht, aber wir hielten trotzdem. Die Unterhaltung ruhte dabei. Sie kam erst wieder in Gang, als wir in Fahrt waren. Fußball, Urlaub in Spanien, Fernsehn.

Dann spielten sie im Radio den bekannten Hit »Ich find dich scheiße!«. Um zu zeigen, dass ich nicht ganz von gestern bin, sang ich mit.

»Heute früh hamse mal wieder ›Zickenschnulze aus Bernau‹ gebracht«, sagte er. »Mit Fredi Sieg. Der is nu ooch schon 'ne Weile tot.« Er stellte das Radio ab und machte Fredi Sieg. Gar nicht mal schlecht.

Ich revanchierte mich mit Herrn Puntilas Pflaumenlied und dem Trinklied aus »La Traviata« in italienischer Sprache. Darauf ließ er den Jägerchor aus dem »Freischütz« erschallen. Allerdings mit dem Text: »Ein Bierchen, ein Bierchen. Ein Helles, ein Helles, ein Helles, ein

Helles, ein Bierchen. Ein Bierchen. Ein Helles, ein Helles, ein Helles, ein Helles, ein Bumsvallera, bumsvallera! – Prost, meine Herrn – zum Wohle!«

Was ihn sehr durstig machte, denn er hielt im nächsten Dorf an und sagte: »Am besten, wir trinken erst mal 'ne Brause.« Ich trank was Kürzeres. Ein Einheimischer setzte sich zu uns und kam ins Plaudern. Ich mahnte sanft zum Aufbruch. Mein Fahrer sagte, er hätte da vorhin so eine Art Heimwerker-Laden gesehen, und er wolle nur mal kucken.

Wir fuhren hin. Es gab alles. Er kaufte fast alles. Ich half tragen.

»Können Sie überhaupt fahren?«, fragte er.

»Ja.«

»Schade. Hätt ick det gewusst, hätt ick meinen kleenen Japaner mitgenommen. Habe ick mal aufn Weihnachtsmarkt gelost. Is ja 'n sehr kleines Bild. Aber gestochen. So bei längeren Strecken, wenn der Fahrgast auch Kraftfahrer ist, setz ick mir nach hinten und kucke bisschen in die Röhre. Mit ein Auge fahr ick natürlich mit.«

Ich war froh, dass er den kleinen Japaner nicht mit hatte. Am Straßenrand stand eine Frau und winkte. »Die verkauft Pilze. Wolln wir sie nehmen?«

Wir wollten.

Im Kofferraum, so erfuhr ich, war ihm neulich ein Benzinkanister ausgelaufen. »Stinkt immer noch alles. Am besten, wir stellen den Korb vorne rein.«

Im Korb waren nicht nur Pilze. Auch ein Stamm Waldameisen. Ihn mochten sie nicht. Mich sehr.

»In jedem Dorf muss eigentlich 'ne Gemeindeschwester sein«, sagte er.

Im dritten Dorf war eine. Sie hatte ein Läppchen und essigsaure Tonerde. Der Schmerz ließ nach. Wir schenkten der Samariterin die Pilze. Ameisen waren nicht mehr darunter. Die waren alle im Auto. Wir nahmen die Sitze und den Bodenbelag heraus und schüttelten und klopften.

In der Ferne bimmelte ein Glöckchen.

»Tante Trudchen«, rief ich. »Jetzt trägt man sie weg.«

»Machense keenen Quatsch«, sagte er.

»Da kommen wir ja gar nich mehr pünktlich ran.«

Ein Jüngling kam auf einem Motorrad.

»Geht in Ordnung«, sagte er.

Ich hockte mich auf den Sozius. Den Kranz hängte ich mir um. Eine wandernde Kindergruppe winkte und rief »Bravo!«.

»Hier in der Gegend läuft nämlich heute 'ne Ralli«, schrie der Motorradjüngling. »Die denken, wir sind der Sieger.« Ein Radfahrer dachte das nicht. Es war der Sheriff. Ich hatte nur großes Geld. Er konnte nicht wechseln.

Der Fleischer konnte.

Als ich aus dem Laden kam, war der Kranz weg.

»Der Taxifahrer hat ihn eingepackt und ist losgebraust«, sagte der Motorradfreund.

Nach einer Viertelstunde kam mein Taxilenker zurück. Er sah etwas verheult aus.

»Es war der letzte Poäng«, sagte er. »Die Leute wollten sich schon wieder zerstreuen. Ihr Tantchen muss mächtig beliebt gewesen sein. Viele Schluchzer. Da konnte ich mich natürlich nicht raushalten.«

Er schneuzte sich. In mein Taschentuch.

Ich ließ es ihm. Zur Erinnerung.

So begrub ich Tante Trudchen.

Mehr von Jochen Petersdorf

Zum Lesen
Rotkäppchen und andere
Märchen für Erwachsene
64 Seiten, zweifarbig
brosch., mit Abb.
ISBN 978-3-359-01721-9
4,99 €

Zum Hören
Weihnachtsmärchen
zwischen Frühstück und
Gänsebraten
gelesen von Peter Bause
1 CD, 57 min
ISBN 978-3-359-01135-4
9,99 € (UVP)

www.eulenspiegel.com

ISBN 978-3-359-01346-4

Umschlaggestaltung: Verlag, Karoline Grunske,
unter Verwendung eines Cartoons von bigstock.com
Printed in EU

Die Bücher des Eulenspiegel Verlags erscheinen
in der Eulenspiegel Verlagsgruppe.

www.eulenspiegel.com